44
Lb 349
A.

A LA
NATION FRANÇAISE.

A PARIS,

De l'Imprimerie de B. Duchesne, hôtel Charost,
rue et près l'égout Montmartre, N°. 247.

AN XIII.

A LA
NATION FRANÇAISE.

En proclamant Napoléon pour votre chef et votre souverain, et en fondant une nouvelle dynastie, vous avez exercé un grand acte de puissance et d'intérêt national, et vous avez rempli un devoir de justice et de reconnaissance. Le sénatus-consulte qui a conféré à Napoléon le titre d'Empereur des Français, et qui a fixé dans son auguste famille l'hérédité de la dignité impériale, est une loi utile, conforme à votre grandeur et à la situation politique de l'Europe. Elle était nécessaire pour imprimer au pacte social qui nous régit, un caractère de force et de stabilité, pour affermir nos institutions sur des bases inébranlables, et pour donner à nos relations extérieures et aux opérations militaires et diplomatiques cette autorité et cette vigueur qui doivent préparer une pacification générale, et annoncer à l'Europe que vous êtes la première nation de l'univers.

Qu'il soit permis à un citoyen qui vit dans la retraite et l'obscurité, de vous offrir rapidement le tableau historique de tout ce que Napoléon a fait pour votre gloire, pour votre prospérité et pour votre bonheur. Vous aimerez à entendre raconter les exploits guerriers et les travaux politiques de votre souverain. Sa valeur, son génie, ses vertus vous ont placés au premier rang des peuples de l'univers; et si vous présentez à l'Europe étonnée le spectacle d'une grande et puissante nation, c'est l'ouvrage de Napoléon.

Napoléon a détruit des armées formidables, a vaincu des peuples nombreux, a fait des conquêtes rapides et brillantes; il a été grand et magnanime après ses triomphes; il n'a point corrompu le fruit de ses victoires par des actes de cruauté; il a respecté la religion, les coutumes, les usages des peuples qu'il a soumis à sa domination. Ce guerrier généreux a sauvé le chef de l'église catholique, a donné des larmes aux malheurs de ce pontife vénérable, a arraché Rome aux fureurs de la dévastation, a conservé les édifices et les monumens antiques qui décoraient la capitale de l'Italie, et a refusé les honneurs de l'entrée triomphale au capitole. Des princes vaincus, témoins de la générosité du conquérant de l'Italie, recherchèrent son estime et reclamèrent son alliance. Napoléon a apporté chez des nations superstitieuses les lumières, les arts, la civilisation; le flambeau des sciences a éclairé des contrées sauvages et désertes; il a su vaincre et non asservir. S'il est entré en triomphateur, si son front était couronné des lauriers de la victoire, il portait dans ses mains l'olivier de la paix et le signe de la reconciliation.

Napoléon a guéri les plaies de l'état, il l'a arraché aux souillures de l'anarchie, et à sa voix, la

France, qui marchait rapidement d'erreurs en erreurs, de calamités en calamités, vers sa dissolution politique, a repris sa gloire et sa grandeur; il a rétabli le règne des lois et de la justice sur les ruines de toutes les factions; il a rappelé à ses antiques vertus un peuple qu'il a illustré par ses victoires; il s'est servi de son épée et de l'autorité sacrée des lois, pour opérer cette heureuse révolution qui a ouvert les sources de la félicité publique, et a donné à l'édifice politique des bases inébranlables. Il veut réunir tous les cœurs et toutes les volontés vers un centre commun, et les attacher à l'amour de l'ordre, de la paix et de la patrie; il a ramené à l'obéissance des lois des hommes trompés par des suggestions perfides, égarés par des habitudes et des préjugés anciens, et entraînés à la rébellion par un fanatisme aveugle.

Napoléon a joui des bienfaits de la paix pour rétablir l'ordre dans toutes les parties de l'administration publique. Il a brisé les tables de proscription, a aboli la loi cruelle des ôtages, a rappelé dans leur patrie des citoyens exilés par des décrets révolutionnaires, a fermé la liste des émigrés, a supprimé la taxe relative au personnel et à l'emprunt; il a formé une nouvelle division du territoire français, et a établi dans l'administration intérieure une unité de pouvoir et d'action. Un code civil a rétabli le droits des citoyens dans toute leur intégrité, a fondé l'ordre des successions sur les principes naturels e sur les maximes de la justice. La liberté publique été associée avec cette politique qui en règle l'exer cice et en restreint l'usage. Une jurisprudence universelle a réglé l'exécution des conventions et des transactions, a détruit des usages injustes et des coutumes bizarres : une réforme dans les tribunaux de conciliation et des juges-de-paix a rendu cette institution plus pure et plus utile. Le nombre des hommes de loi a été diminué ; on leur a donné des réglemens et une discipline particulière. Une hiérarchie d'ordre et de surveillance a été établie parmi les magistrats; des tribunaux spéciaux ont été créés pour poursuivre et punir les grands crimes. Il fallait une justice sévère et dégagée de ces formes qui en arrêtent la marche et en suspendent l'exécution ; il fallait la réunion militaire et civile pour arrêter ces forfaits qui se multipliaient sur tous les points de l'empire.

Le restaurateur de la France s'est occupé constamment à réparer les désordres des finances. Les acquéreurs des biens nationaux sont confirmés solennellement dans l'acquisition de leurs possessions; les propriétaires n'ont plus à redouter d'être dépouillés de leurs héritages par des lois oppressives et révolutionnaires. Le sort des rentiers est amélioré, la solde de l'armée et le salaire des fonctionnaires sont assurés ; les impôts sont répartis dans une juste proportion, leur recouvrement est plus simple; les mesures vexatoires ont été réprimées ; les réclamations des contribuables sont écoutées avec attention, et reçues avec équité. Pour soulager les propriétaires, on a créé des impôts indirects, on a établi des taxes et des cautionnemens. Votre souverain, toujours occupé du bonheur de son peuple, jouira d'un temps de paix pour établir un bon système des finances ; tous ses vœux, tous ses désirs tendent à diminuer les impôts, à déduire, à déterminer les dépenses, à assurer l'acquittement et l'extinction des dettes constituées, à rétablir le crédit, à régulariser les paiemens, et à adopter les principes d'une sage et heureuse économie.

Il n'a pas été encore au pouvoir de NAPOLÉON de réparer les pertes de notre marine ; il en a recueilli quelques débris qu'il a fait servir à de grands objets d'utilité publique, et à des améliorations qui annoncent que le temps n'est pas éloigné où notre marine reprendra son ancien éclat. Déjà des réglemens salutaires ont assuré la régularité du service public ; on a établi un centre d'unité ; des préfets maritimes ont été institués pour donner un principe d'ordre, de force et d'activité aux armemens et aux expéditions, et pour surveiller toutes les parties éparses de cette immense administration. Le code barbare de la guerre a été adouci ; plusieurs lois sur la course maritime ont assuré la neutralité de quelques puissances ; un conseil des prises a porté dans cette matière un esprit de justice et d'impartialité qui a une heureuse influence sur nos relations commerciales. D'anciennes dilapidations ont été recherchées et atteintes, des contrats onéreux ont été résiliés, des récompenses ont été promises à la valeur, et le sort des marins et de leur famille a été assuré ; des écoles de marine ont été instituées pour former la jeunesse dans l'art de la navigation.

Le commerce a fixé l'attention de NAPOLÉON ; il a favorisé et protégé cette banque de France qui offre des ressources immenses. De nouvelles foires ont été établies pour faciliter les opérations du commerce intérieur, et pour procurer des échanges et des ventes utiles au cultivateur, et indispensables aux différens propriétaires des campagnes. Pour donner un cours libre et régulier au commerce, on a créé dans différentes villes de l'empire des bourses et des agens-de-change destinés à communiquer aux spéculations commerciales un nouveau principe d'activité et de circulation, pour en vivifier et en étendre les différens rameaux : on a rendu aux principales villes commerciales leurs chambres respectives de commerce.

La compagnie d'Afrique a été rétablie, et on en a formé une pour la pêche du corail sur les côtes de ces vastes contrées. Les routes ont été réparées, et les communications entre les communes rétablies. La navigation intérieure va multiplier les richesses de l'état : une nouvelle administration forestière a été créée pour arrêter les dévastations et les brigandages, et pour veiller à la conservation et à la coupe des forêts.

Il est beau et consolant de faire servir l'autorité et le génie à créer et à perfectionner la théorie de l'éducation publique. NAPOLÉON s'est occupé de cette partie importante de l'administration ; des lycées, des colléges et des écoles ont été établis, où des professeurs instruits apprennent à la jeunesse les élémens des sciences et des langues, et enseignent les principes de cette sage philosophie propre à former des hommes vertueux et des citoyens utiles. Des ateliers ont été construits pour recevoir ceux qui se consacrent aux arts mécaniques; des professeurs habiles donnent des leçons de législation, de jurisprudence et du droit public. L'organisation de l'école polytechnique a été réglée sur des bases solides; les écoles de médecine, de chirurgie et de pharmacie ont reçu des réglemens qui doivent détruire la race funeste des charlatans et des empyriques.

Napoléon protège et encourage les sciences, les lettres et les arts, qui contribuent éminemment à l'illustration et à la gloire de la nation; des lycées et des académies où le philosophe proclame les vérités de la morale, où l'historien déploye avec majesté les archives du genre humain, où l'orateur montre les beautés de l'éloquence, où le poète enchante par l'harmonie de ses vers, où le savant étend la chaîne des connaissances humaines, où l'artiste anime ses pinceaux, s'élèvent dans tous les départemens, et deviennent des écoles publiques d'instruction. Paris offre à l'admiration les chefs-d'œuvre des arts qui embellissaient l'Italie et la Grèce. Napoléon désire non-seulement que la France conserve la supériorité qu'elle a acquise dans les sciences et dans les arts, mais encore que le siècle qui commence l'emporte sur ceux qui l'ont précédé. Il distribuera tous les dix ans de grands prix donnés de sa propre main pour tous les ouvrages de sciences, de littérature et des arts, pour toutes les inventions utiles, pour tous les établissemens consacrés aux progrès de l'industrie nationale.

Les récompenses nationales sont un hommage que la patrie offre aux talens; elles sont un culte public qu'elle rend à la vertu; des médailles sont frappées en mémoire des événemens les plus mémorables. Des monumens publics sont élevés à la gloire de ces guerriers qui sont morts les armes à la main; les soldats qui ont versé leur sang pour la patrie, reçoivent le prix de leurs sacrifices. NAPOLÉON paie une dette sacrée à l'humanité, les revenus des hospices civils sont augmentés; de nouveaux asyles sont ouverts pour recevoir ces militaires qui portent les marques honorables de leur valeur. Les établissemens de bienfaisance et de charité se multiplient, les vieillards et les infirmes y trouvent une ressource à leur misère et une consolation à leurs maux; il a créé des institutions propres à former des citoyens toujours prêts à défendre par leur génie et leur valeur le gouvernement, les lois et la constitution. Il a créé cette légion d'honneur qu'on ne doit point confondre avec cette noblesse héréditaire, instituée dans un temps de féodalité et de servitude; les membres de cette légion portent cette décoration qui atteste leur valeur, leur dévouement à la chose publique, leur génie et leurs talens. L'armée a été organisée par des réglemens sages et utiles, et la discipline militaire a été rétablie.

NAPOLÉON est religieux sans fanatisme et sage sans ostentation; il sait que la vérité de l'évangile éclaire l'esprit, perfectionne le cœur, ramène les peuples à la pratique de ses devoirs, et prépare le règne paisible de la justice et des lois. De concert avec le St.-Siège, il a rétabli l'ancienne religion de l'état ; il a relevé les temples abattus, les autels renversés, et réparé de ses mains triomphantes les ruines du sanctuaire ; il a fait revivre l'ancienne discipline ecclésiastique, et a ramené le clergé à sa pureté primitive. Protecteur de toutes les religions et de tous les cultes, il sait que les institutions religieuses, quelle que soit la différence des dogmes, sont le fondement le plus sûr de la morale sociale.

NAPOLÉON a développé dans son système politique et dans ses opérations diplomatiques de grandes et sublimes conceptions. Il respecte les gouvernemens étrangers et les droits des gens : il a combattu pour faire reconnaître et respecter votre indépendance, pour reconquérir cette influence et cette prépondérance que la France, dans le système politique de l'Europe, avait acquises par les traités de Nimègue et de Westphalie, et qu'elle avait perdues. Il a étendu les limites de l'Empire français : le Rhin était la barrière des Gaules, il fallut qu'il le fût de la France régénérée. Il a multiplié ses alliances, et ses traités ont un double objet : 1.º de conserver ses conquêtes, d'étendre le commerce national, d'augmenter la puissance fédérative ; 2.º de faire servir les forces des autres gouvernemens à maintenir celles de la France. Le législateur, le guerrier, l'homme d'état doit établir ses combinaisons et ses plans sur le rapport que son gouvernement doit avoir avec les autres puissances ; il doit connaître, examiner leur système politique et leurs relations commerciales, pour les faire tourner à l'avantage et à la prospérité de l'état qu'il gouverne ; il doit pénétrer leurs vues secrètes, et prévoir leurs desseins. NAPOLÉON entre dans les mystères de la politique extérieure ; son génie examine, pèse, calcule ; il prévoit les événemens, et les maîtrise à son gré ; il oppose la fermeté de ses principes aux oscillations diplomatiques et à l'ombrageuse versatilité de quelques puissances de l'Europe. Il est trop fort pour recourir à cette politique machiavélique qui interprète les conventions au gré de l'ambition et de l'intérêt. C'est la faiblesse qui trompe ; la force qui commande n'a pas besoin de tous ces détours artificieux. Son génie, comme un lévier puissant, remue l'Europe pour rétablir un système général d'ordre, de paix et de justice. La république d'Italie l'a proclamé son chef ; les cantons de l'Helvétie son législateur ; la Hollande son protecteur, et l'Allemagne son bienfaiteur. Il ne veut plus conquérir ; ses vues ne s'allient point avec des projets de destruction, d'incorporation, de démembrement ; il n'appelle point l'Afrique et l'Asie au maintien de l'équilibre de l'Europe, le Mahométisme à la conservation de l'orthodoxie chrétienne, et le Nord au soutien du midi. Après avoir été le vainqueur des nations, il veut en être le pacificateur.

Dans la dernière guerre, le gouvernement anglais a dû ses succès et ses conquêtes à la perfidie, à la trahison, à son or corrupteur ; il a épuisé les trésors de l'état; il a accablé le peuple sous le poids des impôts, pour fomenter et alimenter l'anarchie révolutionnaire, pour stipendier et multiplier dans nos ports et dans nos villes des émissaires et des assassins: ce n'est qu'en dévastant la France, que ce gouvernement perfide voulait la démembrer. Ce n'est point pour une dynastie proscrite qu'il avait pris les armes: affaiblir, mutiler la France, la détruire par ses propres habitans, voilà son système homicide. NAPOLÉON écouta la voix de l'humanité plaintive. « La guerre, écrivit-il à Georges, doit-elle être éternelle? N'y a-t-il pas moyen de s'entendre? » Il exprimait ensuite son désir sincère de contribuer à une pacification générale. Qu'elle était touchante cette lettre! on y voyait de la fierté sans orgueil, de la grandeur sans ostentation, de l'humanité sans faiblesse. Le génie bienfaiteur et l'âme sensible de NAPOLÉON semblent subjuguer un moment le gouvernement anglais, et le ramener aux principes de la justice: un congrès fut établi à Amiens pour fixer les bases d'un traité de paix. Le prince Joseph montra dans cette négociation difficile et délicate des connaissances profondes et un caractère de grandeur et de loyauté qui lui concilièrent l'estime, l'amour et le respect.

Le traité de Lunéville avait réuni à la France de vastes et fertiles provinces; le traité d'Amiens rendit à la France et à ses alliés leurs colonies conquises, et l'Angleterre promit de restituer Malthe. Tandis que NAPOLÉON profite des bienfaits de la paix pour reprendre une riche colonie envahie par des brigands et des usurpateurs ; tandis qu'il s'occupe du bonheur de son peuple, le gouvernement anglais refuse d'exécuter le traité d'Amiens et de restituer Malthe. La France prépare un armement pour reconquérir St-Domingue ; le ministère britannique feint de croire que ces préparatifs sont destinés contre l'Angleterre, et, sans autre provocation, il déclare la guerre, arme ses flottes et ses vaisseaux, qu'il charge d'instrumens de destruction et de mort, attaque nos bâtimens, nos colonies, bombarde nos ports. NAPOLÉON vous dénonce les attentats d'un infâme gouvernement qui trahit la foi des traités, et qui, pour satisfaire son ambition, veut ensanglanter la terre et détruire l'espèce humaine. Il s'arme et se prépare à passer les mers pour forcer Georges à accepter l'olivier de la paix. Ce n'est point comme Pyrrhus, qui, ne pouvant défendre son pays, fut attaquer celui de son ennemi ; ni comme Charles XII, qui, ne pouvant résister aux forces des puissances réunies contre la Suède, fit une irruption en Norwège pour y porter le théâtre de la guerre : c'est ici le conquérant de l'Egypte et de l'Italie, c'est le vainqueur des nations, c'est un guerrier plein de valeur et de prudence, qui veut venger son peuple et l'humanité entière, et prendre en main la cause de toutes les nations ; il veut briser ce sceptre maritime qui est devenu l'effroi et le scandale de l'Europe.

La bravoure de nos armées, la valeur de votre souverain, la protection du ciel, tout promet le succès des entreprises de NAPOLÉON. Vous lui offrirez vos moissons, vos biens ; vous ferez de nobles efforts et des sacrifices généreux, pour rétablir le commerce interrompu par ce gouvernement qui médite votre dissolution politique. Oui, c'est ce gouvernement qui a armé les nègres de Saint-Domingue, et a couvert cette colonie de cendres et de ruines ; c'est lui qui a reconnu l'autorité et l'usurpation de ce tyran vomi par les enfers, pour répandre sur cette terre infortunée l'incendie, la proscription et la mort ; c'est lui qui a prodigué l'or pour ensanglanter les rives du Rhin ; c'est lui qui a fomenté cette guerre de la Vendée, qui a fait verser tant de sang et immolé tant de victimes ; c'est par ses ordres, et en présence de ses agens, que se sont commis tous les massacres dont les contrées de l'Ouest ont été l'affreux théâtre ; c'est lui qui payait le prix de chaque tête qui tombait sous le fer des assassins ; c'est lui qui a réuni à Quiberon tous les marins français, et aussitôt des tombeaux se sont ouverts pour les ensevelir ; c'est lui qui a produit en France l'anarchie et les fureurs révolutionnaires, fourni des armes et de l'or aux rebelles, contrefait notre papier-monnoie, corrompu nos généraux ; c'est lui qui stipendia ces infâmes assassins qui construisirent cette machine infernale qui devait ensevelir sous des ruines de feu votre chef, votre restaurateur, votre souverain. Jour de crime et de larmes ! la consternation est générale ; le peuple, toujours vrai dans sa douleur, versa des larmes, les soldats renversèrent leurs drapeaux, et le deuil fut étendu sur la France ; mais le ciel veille sur les destinées de Napoléon; rien ne peut changer les décrets immuables de l'Etre suprême qui l'a choisi pour être l'exécuteur de ses desseins et de ses volontés. Environné des ombres de la mort, ce héros philosophe montre une fermeté digne d'un guerrier et d'un sage ; il croit à la providence et à la fortune. Les cœurs des héros, dit Thomas, ont un instinct supérieur qui n'est pas même soupçonné des ames vulgaires; les grands-hommes ont une espèce de divination : on peut les comparer à ces hautes montagnes dont le sommet est éclairé par les rayons de la lumière, tandis que les régions inférieures du globe sont encore ensevelies dans les ténèbres.

Napoléon a institué ce gouvernement représentatif, qui est regardé par tous les publicistes comme le chef-d'œuvre de la raison et de l'esprit humain. Le chef de la nation obéit lui-même aux lois, puisqu'il est chargé de les faire exécuter ; il est dans l'heureuse impuissance de faire le mal, et il a la liberté, le désir et la volonté de faire le bien. Dans ce gouvernement, les lois sont véritablement l'expression de la volonté générale ; tous les citoyens y obéissent par amour et par intérêt; elles sont le principe et le gage de leur bonheur et de leur liberté. J.-J. Rousseau a voulu sans doute parler du gouvernement représentatif, lorsqu'il a dit : « Archimède, assis tranquillement sur le rivage, et tirant sans peine à flot un grand vaisseau, me représente un monarque habile, gouvernant de son cabinet ses vastes états, et faisant tout mouvoir en paraissant immobile. » Ce gouvernement n'est ni la démocratie d'Athènes, ni le régime monacal de Sparte, ni l'aristocratie praticienn ou l'effervescence plébéïenne de Rome ; il n'est ni le gouvernement absolu du Danemarck, ni le despotisme de la Turquie : c'est un gouvernement sage qui approche le plus de la perfection ; c'est un état mitoyen pour l'homme, entre la convulsion démocratique, l'oppression aristocratique, l'abus du pouvoir sous le gouvernement illimité, et l'asservissement de l'humanité sous le despotisme. Ce qu'il y a d'estimable dans ce gouvernement, pense un écrivain politique, c'est qu'il n'a point été la suite d'une législation particulière ni d'un système médité, mais le fruit lent et tardif de la raison dégagée des préjugés antiques; il a été l'ouvrage de la nature, qui doit être regardée comme la législatrice, et comme la loi fondamentale de cet heureux et sage gouvernement ; c'est elle qui nous a donné une législation capable de suivre dans ses progrès le génie du genre humain et d'élever l'édifice social pour la prospérité des peuples.

Le gouvernement qui régit la France est le fruit d'un système heureux, où les regards des observateurs aiment à suivre les traces du génie qui a présidé à la formation de cette société politique. Le philosophe, l'ami de l'humanité, admire et contemple avec un respect religieux cet ouvrage de la raison et de la sagesse ; mais les institutions humaines les plus sages présentent toujours quelques imperfections ; il n'appartient qu'à Dieu, source de toute justice et de toute vérité, de faire un ouvrage parfait. Le temps qui mûrit les conceptions, qui étend les bornes des connaissances humaines, qui détruit les erreurs et les préjugés, et qui réunit toutes les vérités et tous les principes vers un centre commun, perfectionnera le pacte social qui nous régit. Cet ouvrage est réservé à NAPOLÉON ; il examinera dans sa sagesse s'il ne faut point diminuer les ressorts de la machine politique qui en arrêtent ou en suspendent quelquefois l'activité et le mouvement : les nouvelles institutions qu'il pourra créer seront sages et salutaires, parce qu'il ne consultera que l'intérêt et la gloire de son peuple.

NATION FRANÇAISE ! vous avez proclamé NAPOLÉON pour votre chef et pour votre souverain ; votre volonté et les ordres du ciel l'appellent pour vous gouverner ; bientôt le chef de l'église versera sur sa tête l'huile sacrée, et la religion vous le présentera comme l'oint du Seigneur et l'image de la divinité (1). Vous lui devez amour, soumission et respect : ce n'est que par cette obéissance qu'existe le corps politique ; elle garantira vos droits, votre liberté, vos propriétés ; c'est un lien sacré qui vous unira plus étroitement à votre souverain : vous remplirez donc avec plaisir et avec fidélité les devoirs qui vous sont imposés par les lois divines

---

(1) Louis le Débonnaire fut sacré Empereur et Roi, à Rheims, par le pape Etienne V, en 816 ; Louis II, dit le Bègue, fut sacré Empereur et Roi, à Troyes, par Jean VIII, en 879 ; Louis le Jeune fut sacré Roi, à Rheims, par Innocent II, en 1137.

et humaines. L'ordre social, l'intérêt public, les décrets de la providence exigent impérieusement de reconnaître et d'obéir à l'autorité de celui qui est revêtu du pouvoir souverain ; son droit est sacré, parce que, dans l'exercice de cette souveraineté, il vous représente dans votre puissance, dans votre force et dans votre volonté ; nul ne peut attaquer ni méconnaître ce droit sans outrager les lois, sans se déclarer rebelle à la volonté nationale et à celle du ciel, sans précipiter l'état dans les horreurs de l'anarchie et de la guerre ; nul ne peut combattre cette possession récente. Tout gouvernement, dit un auteur estimable, qui remplit le but de son institution, celui du bonheur général, est respectable et sacré, quelles que soient sa forme et son origine ; celui même qui dérive d'une conquête, devient légitime par la durée de sa possession, par ses bienfaits, par l'habitude de l'obéissance des habitans conquis. Pour assurer le repos public, on a reconnu dans tous les pays, que la possession, même récente, formait un titre sacré. Lorsque le pouvoir s'exerce avec justice, avec bienfaisance, qu'importe le principe de sa formation ? La société repose-t-elle moins sur son appui ? Quand la loi politique, dit Montesquieu, qui a établi un certain ordre de choses, devient destructive du corps politique pour lequel elle a été faite, il ne faut point douter qu'une autre loi politique ne puisse changer cet ordre. La possession est consacrée, et devient un droit par le consentement tacite qui résulte de la soumission effective et paisible des citoyens. Lorsque l'état est tranquille, et que les factions ont été enchaînées, la soumission des citoyens est volontaire et spontanée. Quand un gouvernement, ajoute l'illustre auteur de l'*Esprit des lois*, a été usé par le temps et par les causes qui minent les constitutions les plus robustes ; quand toutes les institutions en ont été successivement altérées par la marche lente et progressive de l'opinion, il faut bien qu'il ait le sort de toutes les choses humaines ; alors, un nouvel ordre de choses se présente ; il faut reconstituer l'édifice usé par l'ancienneté du temps. Dans ce désordre universel, dans cette suspension absolue de l'autorité et des lois, la nation rentre dans ses droits primitifs ; elle devient un moment souveraine, pour créer une nouvelle constitution qui rajeunisse, pour ainsi dire, l'état, et lui donne un nouveau principe de vie et de fécondité. Vos pères ont établi trois dynasties ; vous avez succédé à leurs droits ; vous venez d'en former une nouvelle sous des auspices heureux et consolans.

NAPOLÉON veut se faire aimer de son peuple par ses bienfaits et ses vertus. Les arcs triomphaux s'écroulent et disparaissent ; le bronze et l'airain, sur lesquels sont gravés les conquêtes des guerriers, tombent avec fracas ; mais la mémoire du bienfaiteur de l'humanité ne périra point ; elle vit dans le souvenir des hommes ; elle est liée avec l'existence de l'univers ; et l'univers la présente aux générations qui se succèdent les unes aux autres. La félicité du peuple est l'objet constant de toute la sollicitude de NAPOLÉON. Quelle consolante pensée, quels momens délicieux où, tranquille avec sa conscience, il réfléchira le matin au bien qu'il fera, et le soir au bien qu'il aura fait ! Quelle différence pour lui entre ce souvenir attendrissant et ces jours de gloire et de grandeur où il contemple son front orné des lauriers de la victoire ! La palme que donne la vertu ne se flétrit jamais ; les bénédictions et l'amour des peuples immortalisent plus que les conquêtes et les triomphes. NAPOLÉON régnera par la justice: il veut diminuer le fardeau des impôts, introduire dans l'administration des finances un esprit d'ordre et d'économie, rétablir le crédit public, acquitter la dette nationale, rembourser les créanciers de l'état, arrêter les déprédations et réprimer l'agiotage ; il veut défendre cette religion sainte qui sanctionne son autorité, en protéger les ministres lorsqu'ils l'honoreront par leurs vertus; il veut écouter les plaintes des malheureux, tendre une main secourable aux infortunés, multiplier les établissemens de bienfaisance, les asyles de la charité et de l'humanité souffrante ; il veut récompenser les guerriers qui combattront pour l'état, et assurer aux braves soldats qui verseront leur sang pour la patrie, une ressource assurée contre l'indigence et la misère. Il veut voir tout par lui-même ; des agens infidèles ne lui cacheront point la vérité qu'il aime ; il punira celui qui aura trompé sa justice et égaré sa religion ; une équité sévère et vigilante fera rendre à chaque dépositaire de son autorité un compte rigoureux de la portion qui lui sera confiée. NAPOLÉON veut enchaîner toutes les factions, réunir tous les partis, et effacer jusqu'au souvenir des anciennes divisions. Premier exécuteur des lois, souverain suprême, il défendra son autorité et ses droits contre ces hommes inquiets et ambitieux qui voudraient les attaquer ou les méconnaître ; il pardonnera l'erreur et les faiblesses, mais il livrera à la rigueur des lois les rebelles et les conspirateurs. Son génie ne se reposera point, il agira toujours ; dans ses profondes méditations, il ne proposera que des lois justes et utiles ; il sera l'interprète du vœu national ; il ne parlera qu'un langage noble, fier et majestueux ; ses expressions seront grandes et sublimes ; et, comme le prêtre de l'ancienne loi, il portera sur sa poitrine l'emblème de la force et l'image de la vertu.

NATION FRANÇAISE, bénissez la Providence de vous avoir donné dans sa miséricorde un Souverain grand par sa valeur, par ses victoires, par des actions immortelles, et par ce génie qui parcourt avec facilité d'une extrémité à l'autre la chaîne des connaissances humaines, mais plus grand encore par ses vertus et par son amour ardent pour le peuple qu'il gouverne ; fixez vos regards attendris sur son auguste compagne, l'impératrice Joséphine, qui présente le tableau heureux et consolant de cette douceur, de cette sensibilité, de tous ces dons précieux de la nature et de l'éducation, qui embellissent son ame et relèvent l'éclat du trône. Elle est la protectrice des malheureux ; elle soulage l'humanité souffrante, console les cœurs flétris par l'infortune et la misère ; elle répand sur tous ses pas le bonheur, et verse partout ses bienfaits. Joséphine exerce dans sa vie privée ces vertus douces et ces qualités aimables qui lui assurent l'estime et la confiance de son auguste époux ; et c'est au milieu de ses immenses travaux que NAPOLÉON trouve ses consolations et sa félicité dans cette union contractée sous les auspices sacrés et vénérables de la religion. Les princes de la famille impériale méritent vos respects et votre amour. Avec quelle fidélité ils remplissent les grandes fonctions qui leur sont confiées ! ils en méditent les devoirs et en pratiquent les vertus. La nature les a doués d'un esprit de conseil, de pénétration et de sagesse; ils aiment et exercent la justice ; ils seront les remparts du trône, les soutiens du peuple, les défenseurs intrépides de l'autorité souveraine et des lois. Animés de l'amour du bien public, ils porteront aux pieds du trône vos vœux et vos hommages ; ils contribueront, par leurs conseils et leurs travaux, à la prospérité publique et à la gloire de l'état. Quel spectacle touchant nous offrent ces augustes princesses, si respectables par leurs vertus, si aimables par la douceur de leur caractère et par la générosité de leurs cœurs ! elles consolent les familles affligées, visitent les chaumières des pauvres, encouragent les établissemens consacrés à l'indigence et au malheur, versent des larmes de plaisir et d'attendrissement en voyant NAPOLÉON s'occuper du bonheur de son peuple. Cette noble simplicité, compagne inséparable de la bonté, ce langage de la douceur, cette sensibilité de l'ame, ce sentiment de la bienfaisance et de la générosité qu'elles savent embellir des grâces de la beauté et de l'agrément de l'esprit, entraînent et subjuguent tous les cœurs. C'est au milieu des cantiques de l'allégresse que la reconnaissance et l'admiration racontent leurs bienfaits et célèbrent leurs vertus.

NATION FRANÇAISE! n'oubliez jamais que la violation des lois et l'amour de l'indépendance produisent ces commotions et ces déchiremens qui conduisent les peuples à l'esclavage et à la misère; n'oubliez jamais que votre existence politique, votre liberté, votre bonheur, sont fondés sur l'amour de l'ordre, de la justice, et sur la pureté des mœurs; que vous ne pouvez être libre et heureuse qu'en obéissant aux lois et à votre souverain, qu'en respectant vos magistrats, qu'en payant les tributs levés pour les besoins de l'état, qu'en concourant à cette heureuse harmonie qui doit régner dans toutes les parties du corps politique, et qu'en pratiquant les vertus sociales et religieuses. N'écoutez point ces provocateurs de l'anarchie, ces apôtres de la licence, ces jongleurs politiques qui ne vous parlent de vos droits que pour vous faire oublier vos devoirs, et qui, pour satisfaire leur haine et leur ambition, cherchent à fomenter ces révolutions terribles qui ébranlent et détruisent les empires. C'est en remplissant avec fidélité les devoirs qui vous sont imposés, que vous présenterez à l'Europe l'éclat de votre gloire, de votre puissance, de votre grandeur, et le tableau de votre félicité, après l'avoir étonnée par votre courage, votre héroïsme et votre valeur. Alors, vous instruirez les autres nations, et vous leur donnerez l'exemple et le précepte de ces vertus publiques qui assurent la splendeur et la durée des sociétés politiques.

FIN.

www.ingramcontent.com/pod-product-compliance
Lightning Source LLC
Chambersburg PA
CBHW060918050426
42453CB00010B/1802